La Perversion Narcissique : Décryptage d'une Manipulation Insidieuse

De Nathaniel Acacian

Sommaire

Préface

Introduction au phénomène de la perversion narcissique et enjeux globaux.

- Contexte historique et culturel.
- Approches multidisciplinaires : psychologie, sociologie, neurosciences et droit.
- Un appel à la vigilance et à la mobilisation collective.

Introduction Générale

- La perversion narcissique : une pathologie individuelle et sociétale.
- Ses manifestations dans les relations intimes, familiales et professionnelles.
- Objectifs de l'ouvrage : comprendre, sensibiliser et agir.

Première Partie : Fondements théoriques et historiques

Chapitre 1 : Aux origines du concept de perversion narcissique

1.1. Histoire de la notion de perversion en psychologie.
1.2. Évolution du concept de narcissisme pathologique.
1.3. La contribution fondamentale de Paul-Claude Racamier.
1.4. Développements théoriques contemporains et interdisciplinaires.

Préface

La perversion narcissique est une réalité complexe et souvent invisible qui traverse toutes les sphères de la société, des relations intimes aux environnements professionnels, des dynamiques familiales aux structures institutionnelles. Si elle semble n'être qu'un concept abstrait pour certains, elle constitue une source de souffrance profonde et durable pour ceux qui en sont les victimes. Ce livre, à travers une approche multidisciplinaire, se propose d'explorer cette pathologie dans toutes ses dimensions : psychologique, sociale, juridique, et culturelle.

Un phénomène d'une modernité troublante

La perversion narcissique, bien qu'ancrée dans des mécanismes humains intemporels, trouve un écho particulier dans notre époque. Le monde contemporain, marqué par une valorisation excessive de l'image, de l'individualisme et de la compétition, semble offrir un terrain fertile à ces comportements destructeurs. Les réseaux sociaux, par exemple, exacerbent les traits narcissiques en mettant en avant l'apparence et en récompensant la manipulation subtile des perceptions.

Christopher Lasch, dans *La culture du narcissisme*, avait prédit que cette quête incessante de validation extérieure et de domination interpersonnelle deviendrait une caractéristique centrale de nos sociétés. Aujourd'hui, la perversion narcissique incarne cette prophétie, en illustrant comment des mécanismes individuels peuvent s'amplifier dans des contextes sociaux et culturels.

Un défi multidimensionnel

Le concept de perversion narcissique a été initialement formulé par **Paul-Claude Racamier**, qui a décrit cette pathologie comme un "vampirisme psychique". Ses travaux ont ouvert la voie à une meilleure compréhension des dynamiques d'emprise et de manipulation. D'autres chercheurs, comme **Heinz Kohut**, **Otto Kernberg**, et **Marie-France Hirigoyen**, ont enrichi ce champ en explorant ses aspects cliniques, relationnels et sociétaux.

Cependant, la perversion narcissique n'est pas seulement une question de psychopathologie individuelle. Elle s'inscrit également dans des systèmes sociaux plus larges, comme le souligne **Pierre Bourdieu** dans *La distinction*. Les structures hiérarchiques rigides et les environnements compétitifs renforcent souvent ces dynamiques, les rendant non seulement tolérées, mais parfois valorisées.

Un livre pour comprendre et agir

Ce livre est né d'un double constat :

1. **L'ampleur du phénomène** : Les comportements pervers narcissiques affectent non seulement les individus, mais aussi les collectifs, les institutions et les organisations.
2. **La difficulté à identifier et à gérer ces situations** : Les subtilités des manipulations rendent leur détection et leur prise en charge particulièrement complexes.

L'objectif de cet ouvrage est donc double :

- **Apporter des outils de compréhension** : À travers une exploration approfondie des mécanismes, des manifestations et des conséquences de la perversion narcissique, ce livre vise à démystifier cette pathologie.
- **Proposer des solutions concrètes** : Des stratégies de protection aux approches thérapeutiques, en passant par les réformes juridiques et les initiatives de prévention, cet ouvrage offre des pistes pour accompagner les victimes et limiter l'impact de ces comportements.

Une approche interdisciplinaire

La perversion narcissique ne peut être pleinement comprise qu'en mobilisant les savoirs de plusieurs disciplines :

- **La psychologie** fournit une grille d'analyse pour identifier les traits caractéristiques et les mécanismes de défense des pervers narcissiques.
- **Les neurosciences** révèlent les bases biologiques et les anomalies cérébrales sous-jacentes au manque d'empathie et aux comportements manipulateurs.
- **La sociologie et la philosophie** offrent une réflexion sur les dynamiques de pouvoir, la banalisation des abus, et l'évolution culturelle qui amplifie ces comportements.
- **Le droit** propose un cadre pour protéger les victimes, tout en soulignant les lacunes actuelles dans la reconnaissance des violences psychologiques.

Un appel à la vigilance et à la mobilisation

Ce livre n'est pas uniquement destiné aux professionnels de la santé mentale ou du droit. Il s'adresse également à toutes les personnes confrontées, directement ou indirectement, à la perversion narcissique : victimes, familles, éducateurs, employeurs, et décideurs politiques.

La lutte contre ce fléau passe par une vigilance accrue, mais aussi par une mobilisation collective. En sensibilisant le public, en formant les professionnels, en renforçant les lois et en offrant des outils aux victimes, il est possible de réduire considérablement l'impact de la perversion narcissique sur nos vies et nos sociétés.

Un chemin vers la résilience

Enfin, ce livre se veut porteur d'un message d'espoir. Si la perversion narcissique est destructrice, elle n'est pas une fatalité. Les victimes, grâce à des soutiens adaptés et à une compréhension approfondie de leurs expériences, peuvent non seulement se reconstruire, mais aussi transformer leurs blessures en une force nouvelle. Cette résilience est non seulement possible, mais essentielle pour briser le cycle de la manipulation et bâtir des relations plus authentiques et bienveillantes.

Introduction Générale

La perversion narcissique, phénomène complexe à la croisée du narcissisme pathologique et des dynamiques manipulatrices, est une réalité insidieuse qui affecte les individus, les relations et les structures sociales. Ce livre se propose d'explorer en profondeur cette problématique en s'appuyant sur des perspectives interdisciplinaires, mêlant psychologie, philosophie, sociologie, neurosciences et droit.

Un phénomène insidieux mais omniprésent

La perversion narcissique n'est pas une pathologie rare ni confinée à des contextes extrêmes. Elle se manifeste dans de multiples sphères :

- **Dans les relations intimes**, où elle engendre des cycles de séduction, d'humiliation et d'emprise.
- **Dans le cadre familial**, où les relations parent-enfant ou entre conjoints deviennent des champs de bataille émotionnels.
- **Dans les environnements professionnels**, où des manipulateurs cultivent la division et s'approprient le travail d'autrui.

Loin d'être un simple trouble individuel, la perversion narcissique est aussi un reflet des dérives de nos sociétés modernes, marquées par l'individualisme, la compétition et la valorisation de l'apparence.

Une définition multidimensionnelle

D'un point de vue clinique, la perversion narcissique a été conceptualisée pour la première fois par **Paul-Claude**

Racamier, qui l'a décrite comme une pathologie relationnelle où l'individu manipule autrui pour maintenir un équilibre psychique fragile. Cette approche a été enrichie par les travaux de :

- **Heinz Kohut**, qui a étudié le narcissisme en lien avec les défaillances empathiques parentales.
- **Otto Kernberg**, qui a introduit le concept de narcissisme malin, combinant traits antisociaux, agressivité et absence d'empathie.

Cependant, la perversion narcissique ne peut être pleinement comprise sans une perspective élargie, incluant :

- **La philosophie**, avec des penseurs comme **Hannah Arendt** et **Michel Foucault**, qui interrogent les dynamiques de pouvoir et la banalisation du mal.
- **Les neurosciences**, qui révèlent les anomalies cérébrales liées à l'empathie et à la régulation émotionnelle.
- **La sociologie**, notamment à travers les travaux de **Christopher Lasch** sur le narcissisme culturel et l'impact des réseaux sociaux.

Les victimes au cœur de la réflexion

Le véritable drame de la perversion narcissique réside dans ses victimes, qui subissent des blessures souvent invisibles mais profondément ancrées. Ces blessures ne se limitent pas au plan psychologique :

- Elles affectent également la santé physique, par des troubles somatiques liés au stress chronique.

- Elles fragilisent les relations sociales et professionnelles, isolant la victime dans un cercle vicieux de dépendance et d'anxiété.
- Elles s'étendent parfois sur plusieurs générations, notamment dans le cadre familial.

Reconnaître, comprendre et accompagner ces victimes est une priorité, tant pour leur reconstruction individuelle que pour prévenir les récidives et limiter l'impact social de ces dynamiques toxiques.

Les objectifs de cet ouvrage

Ce livre se divise en plusieurs parties, chacune abordant un aspect clé de la perversion narcissique :

1. **Les fondements théoriques et historiques** : Comprendre les origines et les bases cliniques de la pathologie.
2. **Les dynamiques relationnelles** : Explorer comment les pervers narcissiques instaurent et maintiennent leur emprise.
3. **Les conséquences pour les victimes** : Analyser les impacts psychologiques, physiques et sociaux.
4. **Les stratégies d'identification et de diagnostic** : Fournir des outils pour repérer ces comportements dans différents contextes.
5. **Les solutions thérapeutiques et juridiques** : Offrir des pistes concrètes pour accompagner les victimes et sanctionner les manipulateurs.
6. **Les perspectives sociétales** : Réfléchir aux moyens de prévenir ces abus à grande échelle et de sensibiliser le public.

Une problématique universelle et intemporelle

La perversion narcissique n'est pas un phénomène nouveau.
Elle a existé sous diverses formes à travers l'histoire, comme
en témoignent les récits littéraires et mythologiques. De
Narcisse dans la mythologie grecque à des personnages
contemporains dans la littérature ou les séries télévisées, cette
pathologie interroge les dynamiques du pouvoir, de l'identité et
des relations humaines.

Cependant, dans un monde de plus en plus connecté et
individualiste, la perversion narcissique semble s'être amplifiée,
trouvant dans les réseaux sociaux et les organisations
modernes des terrains propices à son expression.

Un appel à l'action collective

Ce livre n'a pas pour seule ambition de décrire un problème,
mais aussi de proposer des solutions. En mobilisant les savoirs
interdisciplinaires, nous pouvons :

- Reconnaître plus efficacement les dynamiques
  perverses.
- Apporter un soutien adapté aux victimes.
- Sensibiliser le public et les institutions.
- Promouvoir des relations basées sur le respect et
  l'empathie.

Ensemble, nous pouvons construire une société où la
perversion narcissique est non seulement mieux comprise,
mais aussi activement combattue. Cette tâche nécessite une
mobilisation collective, impliquant les chercheurs, les

professionnels, les éducateurs, et chaque individu conscient de l'importance de protéger les relations humaines authentiques.

Chapitre 1 :

Aux origines du concept de perversion narcissique

1.1 Histoire de la notion de perversion en psychologie

L'histoire de la notion de perversion en psychologie trouve ses racines dans la psychiatrie du XIXe siècle. Initialement associée à des comportements sexuels déviants, la notion de perversion a progressivement évolué pour englober des aspects plus larges du fonctionnement psychique. Les premiers aliénistes, dont Philippe Pinel et Jean-Étienne Esquirol, ont commencé à décrire des cas de **"manie sans délire"**, où les patients présentaient des comportements antisociaux sans trouble apparent de la pensée.

Sigmund Freud a marqué un tournant décisif en introduisant le concept de **perversion** dans le champ psychanalytique. Dans ses **"Trois essais sur la théorie de la sexualité" (1905)**, il propose une compréhension nouvelle de la perversion comme une fixation ou une régression à des stades précoces du développement psychosexuel. Cette conceptualisation ouvre la voie à une approche plus nuancée des comportements pervers, les situant dans un **continuum développemental** plutôt que dans une simple catégorie pathologique.

Cas pratique 1 : La manie raisonnante selon Esquirol

Contexte :
Paul est un commerçant de 35 ans, reconnu pour ses stratégies commerciales agressives et manipulatrices. Bien qu'il justifie chacune de ses actions par des arguments rationnels, son entourage remarque que ses comportements provoquent des tensions sociales, voire des conflits inutiles.

Illustration pédagogique :
Esquirol aurait qualifié ce comportement de "manie sans délire". Paul est rationnel dans ses explications, mais ses actions, souvent antisociales et manipulatrices, traduisent une forme de déséquilibre psychique.

1.2 Évolution du concept de narcissisme pathologique

Le narcissisme pathologique, second pilier conceptuel de la perversion narcissique, a connu une évolution significative depuis son introduction dans le champ psychanalytique. Freud, dans **"Pour introduire le narcissisme"** (1914), pose les bases théoriques en distinguant le **narcissisme primaire** (phase normale du développement) et le **narcissisme secondaire** (une déviation pathologique où l'individu cherche à se protéger des blessures émotionnelles en surinvestissant son ego).

Contributions modernes

Heinz Kohut, dans les années 1970, enrichit cette compréhension avec sa **psychologie du self**. Il décrit les troubles narcissiques comme résultant de défaillances empathiques précoces dans la relation parent-enfant, introduisant les concepts de **self grandiose** et **imago parentale idéalisée**. Ces apports théoriques permettent de mieux appréhender la formation des personnalités narcissiques et leurs modes relationnels particuliers.

Otto Kernberg, quant à lui, a approfondi le concept en introduisant la notion de **narcissisme malin**, une combinaison de narcissisme sévère, d'antagonisme social, et d'hostilité paranoïaque.

Cas pratique 2 : Narcissisme secondaire en contexte professionnel

Contexte :
Sophie est une directrice d'agence réputée pour ses compétences, mais elle perd son calme dès qu'un collaborateur critique ses choix. Lors d'une réunion, après une suggestion qui contredit ses idées, elle réagit violemment, quitte la salle en pleurs et accuse son équipe de "ne pas la respecter".

Illustration pédagogique :
Sophie illustre un narcissisme secondaire : bien que

performante, sa fragilité intérieure la rend hypersensible à la critique, qu'elle perçoit comme une menace contre son identité.

Cas pratique 3 : Le self grandiose dans une relation amoureuse

Contexte :

Marc idéalise sa partenaire dès le début de leur relation, mais dès qu'elle impose des limites ou exprime un désaccord, il devient distant et accuse Laura de ne pas l'aimer suffisamment.

Illustration pédagogique :

Marc projette un **self grandiose**, une façade de confiance qui masque sa peur de l'abandon. Sa réaction défensive vise à préserver son image idéalisée de lui-même.

1.3 La contribution fondamentale de Paul-Claude Racamier

Paul-Claude Racamier révolutionne la compréhension des pathologies narcissiques en introduisant le concept de **perversion narcissique** dans les années 1980. Sa contribution majeure réside dans l'identification d'une forme spécifique de perversion qui ne s'exprime pas dans le champ de la sexualité, mais dans celui des relations interpersonnelles.

Il définit le pervers narcissique comme celui qui, pour maintenir son équilibre psychique, crée une relation d'emprise sur l'autre, le réduisant à l'état d'objet.

Mécanismes clés identifiés par Racamier

1. **Le déni de l'altérité** : Le pervers narcissique refuse de reconnaître l'autre comme un individu autonome.
2. **La projection massive** : Il attribue ses propres défauts ou insécurités à sa victime.
3. **Le vampirisme psychique** : Il se nourrit émotionnellement de sa victime, détruisant ses repères.

Cas pratique 4 : Vampirisme psychique dans une relation parent-enfant

Contexte :
Julie est constamment rabaissée par sa mère, qui critique ses choix tout en insistant pour être consultée dans chaque décision. Julie ressent une fatigue émotionnelle croissante, mais ne parvient pas à s'éloigner de cette influence.

Illustration pédagogique :
La mère de Julie incarne le "vampirisme psychique". Elle s'assure que Julie reste dépendante émotionnellement, puis utilise cette dépendance pour renforcer son propre ego.

1.4 Développements théoriques contemporains

Otto Kernberg et le narcissisme malin

Kernberg décrit le **narcissisme malin** comme une combinaison de traits narcissiques, paranoïaques et antisociaux. Ces individus maintiennent une façade charmante tout en exerçant

une violence psychologique dans leurs relations intimes et
professionnelles.

Les neurosciences et la perversion narcissique

Des chercheurs comme **James Blair** ont exploré les bases
neurologiques du manque d'empathie. Les individus présentant
des traits de perversion narcissique montrent une activité
réduite dans l'amygdale (centre de l'émotion) et le cortex
préfrontal (régulation des comportements).

Cas pratique 5 : Gaslighting dans un couple

Contexte :
Alice se plaint à Julien qu'il arrive souvent en retard à leurs
rendez-vous. Julien nie les faits et affirme qu'elle "invente des
choses". Peu à peu, Alice doute de sa propre perception.

Illustration pédagogique :
Julien utilise une technique de **gaslighting**, souvent utilisée par
les pervers narcissiques pour manipuler et déstabiliser.

Chapitre 2 :

Psychopathologie de la perversion narcissique

2.1 Structure de personnalité et mécanismes de défense

La structure de personnalité du pervers narcissique se caractérise par une organisation complexe de mécanismes de défense primitifs. Ces mécanismes incluent notamment :

1. **Le clivage** : Le pervers narcissique divise son monde interne en deux parties inconciliables (le bon et le mauvais). Cette séparation lui permet de maintenir une image idéalisée de lui-même, tout en projetant ses aspects négatifs sur autrui.

2. **L'identification projective** : Ce mécanisme consiste à projeter ses propres caractéristiques négatives sur autrui, tout en maintenant un contrôle psychique sur ces caractéristiques. Ce procédé est particulièrement destructeur, car il engendre chez la victime un sentiment de confusion et de culpabilité.

Cas pratique : Clivage dans un cadre professionnel

Contexte :
Luc dirige une petite équipe. Il valorise ouvertement un collaborateur qu'il qualifie de "parfait", mais critique constamment un autre en disant qu'il est "inutile". Lorsque ce dernier améliore ses performances, Luc change de cible et critique une autre personne.

Explication pédagogique :
Luc illustre le mécanisme du clivage. Il ne peut intégrer des nuances dans ses jugements et bascule entre idéalisation et dévalorisation, maintenant ainsi son propre équilibre psychique.

2.2 Le narcissisme malin selon Kernberg

Otto Kernberg a développé le concept de **narcissisme malin**, caractérisé par une combinaison toxique de traits narcissiques, antisociaux et paranoïaques. Ces individus se distinguent par :

- Une absence d'empathie.
- Une agressivité orientée vers l'autre, souvent égo-syntonique (perçue comme normale par l'individu).

- Une capacité à maintenir une façade charmante malgré leur tendance à exploiter les autres.

Cas pratique : Narcissisme malin dans une relation de couple

Contexte :

Julie est en couple avec Thomas, qui se montre extrêmement attentionné en public. Cependant, dans l'intimité, il la critique constamment et lui impose des règles strictes sur ses fréquentations. Quand Julie tente de s'affirmer, Thomas la menace de la quitter ou de divulguer des informations personnelles.

Explication pédagogique :

Thomas incarne le narcissisme malin. Il combine manipulation émotionnelle, contrôle agressif, et maintien d'une image positive en société pour asseoir son emprise sur Julie.

2.3 Aspects neurologiques et neuropsychologiques

Les avancées en neurosciences montrent que les individus présentant des traits de perversion narcissique ont des altérations dans les circuits neuronaux impliqués dans :

- **L'empathie** : Une activité réduite dans l'amygdale, associée au traitement des émotions.
- **La régulation sociale** : Un dysfonctionnement dans le cortex préfrontal, limitant la gestion des impulsions et des interactions.

Cas pratique : Absence d'empathie dans un conflit familial

Contexte :

Paul a coupé contact avec sa sœur après qu'elle a refusé de lui prêter de l'argent. Lorsqu'on lui demande pourquoi, il répond froidement qu'elle "n'a eu que ce qu'elle mérite".

Explication pédagogique :

L'absence d'empathie observable chez Paul pourrait être liée à des anomalies dans son fonctionnement neuronal, rendant difficile pour lui de ressentir la souffrance d'autrui.

2.4 Facteurs environnementaux et développementaux

Le développement d'une personnalité perverse narcissique résulte d'une interaction complexe entre :

- **Facteurs génétiques** : Une prédisposition biologique.
- **Traumatismes infantiles** : Négligence, abus, ou carences affectives pendant l'enfance.
- **Relations parentales pathologiques** : Des parents invalidants ou surprotecteurs.
- **Exposition à des modèles relationnels toxiques** : Environnement familial ou social marqué par la manipulation.

Cas pratique : Relation parent-enfant dysfonctionnelle

Contexte :

Lisa, 30 ans, décrit son père comme distant et toujours critique. Pendant son enfance, il la comparait constamment à sa sœur, plus performante. Aujourd'hui, Lisa peine à poser des limites dans ses relations amoureuses.

Explication pédagogique :

L'environnement familial de Lisa illustre les facteurs environnementaux qui peuvent favoriser le développement de traits narcissiques ou de vulnérabilités chez une personne.

Chapitre 3 :

Le fonctionnement du pervers narcissique

3.1 Traits de personnalité caractéristiques

Le pervers narcissique se distingue par un ensemble de traits psychologiques spécifiques qui constituent sa signature. Au cœur de son fonctionnement réside une dualité : une **grandiosité pathologique** masquant une **fragilité narcissique profonde**.

Caractéristiques principales :

1. **Grandiosité pathologique** : Un sentiment exagéré d'importance personnelle.
2. **Absence d'empathie** : Bien qu'il puisse la simuler, il ne ressent pas authentiquement les émotions d'autrui.
3. **Besoin constant d'admiration** : Une validation externe est essentielle pour maintenir son équilibre psychique.
4. **Exploitation d'autrui** : Les relations interpersonnelles sont perçues comme des opportunités de contrôle.
5. **Jalousie intense** : Une rivalité constante combinée à la conviction que les autres envient leur "supériorité".
6. **Arrogance** : Une attitude méprisante envers les autres, renforçant leur sentiment de pouvoir.

Cas pratique : Grandiosité et exploitation dans un cadre professionnel

Contexte :
Maxime est responsable d'une équipe et insiste pour que toutes les réussites de ses subordonnés soient attribuées à ses idées. Lors des échecs, il critique ouvertement les autres en public.

Explication pédagogique :
Maxime illustre la grandiosité pathologique et l'exploitation. Son besoin d'admiration le pousse à manipuler les perceptions extérieures pour préserver son image idéale, tout en rejetant la responsabilité de ses échecs.

3.2 Mécanismes de manipulation et d'emprise

Les pervers narcissiques utilisent des **techniques sophistiquées de manipulation** pour établir et maintenir leur emprise psychologique sur leurs victimes.

Mécanismes principaux :

1. **Gaslighting** : Technique consistant à faire douter la victime de sa perception de la réalité.
    - Exemple : Réinterpréter des événements ou nier des faits évidents.
2. **Triangulation** : Introduire une troisième personne dans la relation pour semer la discorde.
    - Objectifs : Créer de la jalousie, renforcer leur contrôle, et isoler leur cible.
3. **Dévalorisation** : Une alternance entre des critiques subtiles et des attaques directes pour miner l'estime de soi.
4. **Isolement** : Réduire progressivement les contacts de la victime avec son entourage pour la rendre dépendante.

Cas pratique : Gaslighting dans une relation amoureuse

Contexte :
Claire se plaint que son conjoint, Julien, revient fréquemment tard. Il répond : "Tu exagères toujours, je suis arrivé à l'heure hier." Pourtant, ses retards sont réguliers.

Explication pédagogique :
Julien utilise le gaslighting pour faire douter Claire de sa

perception. Cette technique provoque confusion et dépendance émotionnelle.

3.3 Patterns comportementaux récurrents

Le fonctionnement du pervers narcissique suit des schémas répétitifs, bien qu'ils puissent paraître chaotiques pour leurs victimes.

Phases typiques :

1. **Phase de séduction** :
    - Bombardement d'amour (**love bombing**) : Idéalisation rapide de la relation, promesses excessives.
    - Création d'un lien intense et artificiel.
2. **Phase de dévalorisation** :
    - Début des critiques subtiles.
    - Introduction d'humiliations déguisées en blagues.
    - Alternance entre valorisation et dévalorisation pour déstabiliser.
3. **Phase d'emprise** :
    - Isolement progressif de la victime.
    - Introduction de chantages émotionnels et financiers.
    - Manipulation de l'entourage pour isoler davantage la cible.

Cas pratique : Pattern dans un couple

Contexte :
Laura est séduite par les attentions de Paul, qui lui fait des promesses grandioses. Après quelques mois, Paul commence à critiquer ses choix vestimentaires et la compare à d'autres femmes. Finalement, il exige qu'elle coupe contact avec ses amis pour "mieux se concentrer sur leur couple".

Explication pédagogique :
Paul suit le cycle classique : séduction intense, puis dévalorisation, avant d'instaurer une emprise complète.

3.4 Communication toxique et double contrainte

La communication du pervers narcissique est souvent paradoxale et crée une **double contrainte** : une situation où quoi que fasse la victime, elle se trouve en faute.

Exemples de doubles contraintes :

- **Messages contradictoires** : Dire "Je veux que tu sois indépendante" tout en contrôlant chaque décision.
- **Inversion des responsabilités** : Rejeter la faute sur la victime ("Si tu m'écoutais, je n'aurais pas besoin de m'énerver").

- **Déni de communication** : Affirmer que des
  conversations précédentes n'ont jamais eu lieu.

Cas pratique : Double contrainte au travail

Contexte :
Un manager demande à son employé, Sophie, de "prendre des
initiatives", mais critique chaque fois qu'elle agit sans lui
demander son avis.

Explication pédagogique :
Sophie est piégée dans une double contrainte : quelle que soit
son action, elle est critiquée, renforçant son sentiment
d'incompétence et son besoin d'approbation.

Conclusion enrichie :
Le chapitre 3 révèle que le fonctionnement du pervers
narcissique repose sur des stratégies relationnelles répétitives
et destructrices. Ces mécanismes, subtilement orchestrés,
permettent de maintenir une emprise durable sur les victimes,
tout en dissimulant leur nature à leur entourage.

Chapitre 4 :

La relation perverse

4.1 Phases d'installation de l'emprise

L'installation de l'emprise dans une relation perverse narcissique est un processus méthodique et progressif, structuré en trois phases principales :

1. **Phase préparatoire** :
   - **Repérage des vulnérabilités** : Le pervers narcissique identifie les fragilités émotionnelles de sa cible.
   - **Adaptation** : Il modifie son comportement pour séduire la victime en correspondant à ses attentes.

- ○ **Création de confiance** : Des gestes d'attention
    et des promesses servent à établir un lien fort.
  - ○ **Tests de soumission** : Il introduit subtilement
    des demandes pour évaluer la tolérance de la
    victime.
2. **Phase d'emprise active** :
   - ○ **Intensification du contrôle** : Les exigences
     deviennent de plus en plus fréquentes et
     envahissantes.
   - ○ **Dépendance affective** : Par des alternances
     entre attention et rejet, il rend la victime
     émotionnellement dépendante.
   - ○ **Destruction des repères** : La victime perd
     progressivement son autonomie et ses
     certitudes.
3. **Phase de verrouillage** :
   - ○ **Isolement complet** : La victime est coupée de
     son réseau social et familial.
   - ○ **Système de punition/récompense** : Toute
     tentative de rébellion est sanctionnée.
   - ○ **Neutralisation de la résistance** : La victime est
     psychologiquement incapable de s'opposer.

Cas pratique : Emprise progressive dans un couple

Contexte :
Sophie rencontre Marc, un homme charmant qui la comble
d'attentions. Au bout de quelques mois, il commence à critiquer
ses amis et l'encourage à passer tout son temps avec lui. Peu à
peu, il l'isole de son entourage et la convainc qu'elle ne peut
réussir sans lui.

Explication pédagogique :
Marc suit les étapes typiques de l'emprise. Il passe de la

séduction à un contrôle total en réduisant progressivement
l'autonomie de Sophie.

4.2 Dynamiques de couple toxique

Une relation de couple impliquant un pervers narcissique est
caractérisée par une **asymétrie fondamentale** et des cycles
destructeurs.

Caractéristiques de la structure relationnelle :

- **Asymétrie émotionnelle** : Le pervers narcissique
  domine, tandis que la victime est subordonnée.
- **Instrumentalisation de l'intimité** : Les moments
  d'intimité sont utilisés pour manipuler et contrôler.
- **Confusion entre amour et dépendance** : La victime
  associe l'emprise à une forme d'amour.

Cycles relationnels :

- **Alternance idéalisation/dévalorisation** : La victime
  passe de moments d'euphorie à des périodes de
  critiques dévastatrices.
- **Tension suivie de réconciliations dramatiques** : Ces
  réconciliations renforcent la dépendance émotionnelle
  de la victime.
- **Répétition des humiliations** : Les mêmes scénarios de
  manipulation se répètent.

Cas pratique : Cycle toxique dans une relation

Contexte :
Julie est régulièrement critiquée par son compagnon pour des détails insignifiants. Après chaque dispute, il lui offre des cadeaux ou s'excuse en la couvrant d'amour, mais recommence peu de temps après.

Explication pédagogique :
Julie est piégée dans un cycle toxique où les périodes de réconciliation renforcent son attachement, rendant difficile toute rupture.

4.3 Impact sur la famille et l'entourage

L'influence du pervers narcissique dépasse souvent la relation intime pour affecter toute la sphère familiale et sociale.

Impact sur les enfants :

- **Traumatismes développpementaux** : Les enfants exposés à une relation perverse souffrent d'insécurité émotionnelle.
- **Perturbation des repères affectifs** : Ils développent une compréhension erronée de l'amour et des relations.
- **Reproduction transgénérationnelle** : Sans intervention, ils risquent de reproduire ces schémas à l'âge adulte.

Effets sur la famille élargie :

- **Conflits internes** : Le pervers narcissique manipule les membres pour créer des divisions.

- **Dynamique de clan** : Certains membres peuvent se rallier à lui, isolant encore plus la victime.

Cas pratique : Dynamique familiale dysfonctionnelle

Contexte :
Dans une famille, un père manipule les enfants en critiquant constamment leur mère. Il s'assure que les enfants dépendent émotionnellement de lui, les empêchant de créer un lien sain avec leur mère.

Explication pédagogique :
Le père utilise des mécanismes de triangulation et de manipulation pour contrôler les dynamiques familiales, provoquant un climat de tension et de division.

4.4 Cycles de violence psychologique

La violence psychologique exercée par le pervers narcissique suit des **cycles prévisibles**, qui deviennent plus rapprochés avec le temps.

Les trois phases du cycle :

1. **Phase de tension** :
   - **Accumulation des micro-agressions** : Des remarques blessantes ou des comportements déstabilisants.
   - **Climat de peur** : La victime anticipe les crises.
2. **Phase d'explosion** :

- **Crises de rage contrôlées** : Le pervers narcissique libère sa colère pour terroriser.
    - **Humiliations et menaces** : Des attaques directes pour affaiblir la victime.
3. **Phase de réconciliation** :
    - **Minimisation des faits** : Le manipulateur promet un changement.
    - **Retour temporaire à la séduction** : Ce comportement désarme la victime, qui espère une amélioration durable.

Cas pratique : Cycle de violence dans un couple

Contexte :
Après une dispute violente, Paul accuse sa compagne, Léa, de l'avoir provoqué. Il promet ensuite de changer et organise un week-end romantique. Quelques semaines plus tard, les tensions réapparaissent.

Explication pédagogique :
Paul suit un schéma classique de violence psychologique. Ces cycles renforcent l'impuissance de Léa, tout en maintenant son attachement émotionnel.

Conclusion :
Ce chapitre met en évidence les mécanismes insidieux qui sous-tendent les relations perverses. L'emprise, les cycles de violence et les dynamiques toxiques affectent non seulement la victime directe, mais aussi son entourage, rendant ces situations particulièrement destructrices.

Chapitre 5 :

La victime du pervers narcissique

5.1 Profil type et vulnérabilités

Bien qu'il n'existe pas de profil unique de victime, certaines caractéristiques augmentent la vulnérabilité face à un pervers narcissique.

Caractéristiques psychologiques fréquentes :

- **Grande capacité d'empathie** : La victime est souvent une personne attentive aux besoins des autres, ce qui la rend manipulable.
- **Tendance à la culpabilité** : Les pervers narcissiques exploitent cette culpabilité pour asseoir leur contrôle.

- **Besoin de reconnaissance** : Les victimes cherchent l'approbation, ce qui les rend dépendantes des gestes d'attention initialement offerts.
- **Difficultés à poser des limites** : Elles ont du mal à se défendre contre l'intrusion et le contrôle.
- **Traumatismes antérieurs** : Des blessures émotionnelles passées peuvent les rendre plus susceptibles à l'emprise.

Facteurs de vulnérabilité situationnelle :

- **Périodes de fragilité émotionnelle** : Ruptures, deuils ou transitions rendent plus vulnérable.
- **Isolement social** : Moins de soutien extérieur accroît la dépendance.
- **Dépendance financière ou matérielle** : Rendant difficile toute sortie de la relation.

Cas pratique : Profil type en milieu professionnel

Contexte :
Marie, une assistante dévouée, accepte constamment des tâches supplémentaires pour plaire à son supérieur, qui lui promet une reconnaissance mais la critique continuellement en privé.

Explication pédagogique :
Marie présente plusieurs caractéristiques typiques : un besoin de reconnaissance et une difficulté à poser des limites. Ces traits la rendent plus vulnérable à la manipulation.

5.2 Traumatismes psychologiques

Les relations perverses entraînent des traumatismes profonds, affectant le psychisme de la victime de manière durable.

Altérations cognitives :

- Troubles de la concentration et de la mémorisation.
- Confusion mentale persistante.
- Perturbation du jugement et incapacité à prendre des décisions.

Impacts émotionnels :

- Anxiété chronique et attaques de panique.
- Dépression sévère avec perte d'intérêt pour les activités quotidiennes.
- Sentiment de vide intérieur et désorientation.

Cas pratique : Impact émotionnel dans un cadre familial

Contexte :
Sarah, une mère isolée, est constamment rabaissée par son conjoint devant ses enfants. Elle perd progressivement confiance en sa capacité de prendre des décisions parentales.

Explication pédagogique :
Sarah illustre les effets cumulatifs des traumatismes psychologiques : confusion, anxiété et perte de confiance en soi, exacerbés par l'exposition prolongée à des critiques constantes.

5.3 Manifestations somatiques

Le corps devient souvent un vecteur d'expression des souffrances psychologiques non verbalisées.

Symptômes physiques :

- Troubles du sommeil (insomnies ou hypersomnies).
- Douleurs chroniques et maux de tête fréquents.
- Perturbations alimentaires (anorexie ou boulimie).

Manifestations neurovégétatives :

- Palpitations cardiaques et sensations de suffocation.
- Troubles digestifs récurrents.
- Problèmes dermatologiques comme l'eczéma ou les urticaires.

Cas pratique : Troubles somatiques liés à une relation toxique

Contexte :
Jean, victime d'un harcèlement moral au travail, développe des migraines chroniques et des troubles intestinaux inexpliqués.

Explication pédagogique :
Les troubles somatiques de Jean sont des manifestations physiques de son stress psychologique, un phénomène courant chez les victimes de relations perverses.

5.4 Impact sur l'identité et l'estime de soi

La destruction de l'identité est l'une des conséquences les plus profondes d'une relation avec un pervers narcissique.

Altérations de l'image de soi :

- Perte de confiance en soi et sentiment d'indignité.
- Doutes constants sur ses capacités et ses choix.
- Confusion identitaire, la victime perdant ses repères personnels.

Mécanismes de survie :

- **Hypervigilance** : Anticipation constante des critiques ou attaques.
- **Dissociation** : Déconnexion émotionnelle face à des situations traumatisantes.
- **Adaptation excessive** : La victime modifie constamment son comportement pour éviter les conflits.

Cas pratique : Destruction de l'identité dans une relation amoureuse

Contexte :
Camille, après plusieurs années avec un partenaire manipulateur, doute de sa capacité à prendre des décisions sans son approbation. Elle hésite même pour des choix simples, comme ce qu'elle doit acheter pour elle-même.

Explication pédagogique :
Camille montre une destruction progressive de son estime de

soi, conséquence directe des mécanismes de manipulation et de contrôle auxquels elle est exposée.

Conclusion :
Ce chapitre met en lumière l'étendue des dégâts psychologiques, physiques et identitaires causés par une relation perverse narcissique. Il illustre l'importance d'identifier et de comprendre ces mécanismes pour permettre aux victimes de s'en libérer et de reconstruire leur vie.

Exercices de Réflexion et Journaling

1. Journal des Sentiments

- Notez chaque jour une situation qui vous a fait ressentir un malaise ou une gêne.
- Identifiez les éléments déclencheurs et vos réactions.
- Réfléchissez : cette réaction est-elle proportionnelle à l'événement ou influencée par un schéma relationnel toxique ?

2. Questionnaires d'Estime de Soi

- Quelles sont mes qualités que je considère précieuses ?
- Dans quelles situations ai-je tendance à me sur-adapter pour éviter un conflit ?
- Quels sont mes besoins fondamentaux que j'ai négligés récemment ?

3. Reconstruire son Identité

- Faites une liste de vos valeurs fondamentales.
- Notez des moments où vous avez agi en alignement avec ces valeurs.
- Réfléchissez : qu'est-ce qui vous empêche actuellement de vivre pleinement selon vos valeurs ?

Chapitre 6 :

Répercussions sociales et professionnelles

6.1 Harcèlement moral au travail

Le milieu professionnel constitue souvent un terrain propice à l'expression de la perversion narcissique. Les pervers narcissiques exploitent les structures hiérarchiques pour exercer leur emprise et obtenir un contrôle psychologique sur leurs collègues ou subordonnés.

Manifestations spécifiques :

- **Décrédibilisation professionnelle** : Critiques constantes et dévalorisation des compétences.

- **Isolation progressive** : La victime est exclue des échanges professionnels importants.
- **Surcharge ou sous-charge de travail** : Des tâches excessives ou insignifiantes sont imposées pour miner l'estime de soi.
- **Appropriation du travail d'autrui** : Le pervers narcissique s'attribue les succès des autres.

Conséquences professionnelles :

- **Perte de productivité** : La victime, démotivée et stressée, peine à maintenir ses performances.
- **Arrêts maladie répétés** : Le stress et l'anxiété induits peuvent engendrer des troubles psychosomatiques.
- **Démission forcée** : La victime finit souvent par quitter son poste pour échapper à l'environnement toxique.
- **Burn-out** : L'épuisement émotionnel est une issue fréquente.

Cas pratique : Harcèlement d'un subordonné

Contexte :
Sophie, assistante administrative, subit constamment les critiques de son manager, qui lui reproche des erreurs insignifiantes tout en prenant le crédit de son travail lors des réunions. Peu à peu, Sophie perd confiance en ses capacités et envisage de démissionner.

Explication pédagogique :
Le comportement du manager illustre plusieurs mécanismes pervers, notamment la dévalorisation et l'appropriation du travail. Ces stratégies visent à asseoir son pouvoir tout en déstabilisant Sophie.

6.2 Isolement social et rupture des liens

L'isolement social est à la fois une stratégie d'emprise et une conséquence directe de la manipulation narcissique.

Mécanismes d'isolement :

- **Rupture progressive des liens amicaux** : La victime est découragée de maintenir des relations extérieures.
- **Éloignement de la famille** : Le manipulateur s'assure que la victime ne puisse s'appuyer sur son réseau familial.
- **Restriction des activités sociales** : Toute initiative sociale est critiquée ou sabotée.
- **Discrédit auprès de l'entourage** : Le pervers narcissique diffuse des rumeurs pour ternir la réputation de la victime.

Impact sur le réseau social :

- **Appauvrissement des relations** : La victime se retrouve isolée et sans soutien.
- **Modification des dynamiques familiales** : Les conflits internes s'intensifient en raison des manipulations du pervers.
- **Stigmatisation sociale** : La victime est perçue comme instable ou fautive.

Cas pratique : Isolement dans une relation de couple

Contexte :
Laura constate que son compagnon critique systématiquement

ses amis et tente de l'empêcher de les voir. Il affirme qu'ils "ne sont pas de bonnes influences". Peu à peu, Laura réduit ses interactions sociales, jusqu'à se retrouver isolée.

Explication pédagogique :
Le compagnon de Laura utilise des techniques de contrôle pour isoler sa victime, rendant plus difficile pour elle de demander de l'aide ou de remettre en question la relation.

6.3 Impacts économiques et matériels

Les conséquences matérielles d'une relation perverse peuvent être désastreuses. Le pervers narcissique exploite souvent la dépendance financière ou provoque des déstabilisations économiques pour renforcer son emprise.

Préjudices financiers :

- **Endettement** : Le manipulateur peut inciter la victime à contracter des dettes ou à financer ses propres projets.
- **Perte de revenus** : La victime est parfois contrainte de quitter son emploi à cause du harcèlement ou de l'épuisement.
- **Coûts thérapeutiques** : Le suivi psychologique et médical entraîne des dépenses importantes.
- **Frais juridiques** : Les procédures de divorce ou de garde d'enfants peuvent être coûteuses.

Déstabilisation matérielle :

- **Perte du logement** : L'instabilité financière peut entraîner des expulsions ou des déménagements forcés.
- **Complications administratives** : La victime est souvent laissée à gérer des situations complexes créées par le manipulateur.

Cas pratique : Manipulation financière dans un couple

Contexte :
Marc force Camille à contracter un prêt bancaire pour financer l'achat d'une voiture qu'il utilise exclusivement. Lorsqu'ils se séparent, il refuse de contribuer au remboursement, laissant Camille gérer seule les dettes.

Explication pédagogique :
Marc utilise une manipulation économique pour contrôler Camille et la maintenir dans une situation de dépendance matérielle.

6.4 Conséquences juridiques

Les relations avec un pervers narcissique impliquent souvent des complications juridiques, en particulier lors de séparations ou de conflits professionnels.

Aspects légaux :

- **Procédures de divorce complexes** : Le manipulateur prolonge volontairement les démarches pour épuiser la victime.
- **Batailles pour la garde des enfants** : Le pervers narcissique peut instrumentaliser les enfants pour punir son ex-conjoint.
- **Poursuites pour harcèlement** : La preuve des abus psychologiques est souvent difficile à apporter.

Difficultés procédurales :

- **Complexité de la preuve** : Les abus psychologiques laissent rarement des traces tangibles.
- **Coûts des procédures** : Les démarches judiciaires sont longues et coûteuses.
- **Victimisation secondaire** : La victime doit revivre les événements lors des audiences.

Cas pratique : Conflit juridique post-divorce

Contexte :
Après leur divorce, Léa constate que son ex-mari refuse de respecter les accords de pension alimentaire et utilise chaque visite des enfants comme une opportunité pour critiquer ses compétences parentales devant eux.

Explication pédagogique :
Le comportement de l'ex-mari illustre comment un pervers narcissique utilise le système judiciaire et les enfants comme outils pour prolonger son emprise et maintenir une domination psychologique.

Conclusion :

Ce chapitre met en lumière les conséquences dévastatrices des relations avec un pervers narcissique sur le plan social, professionnel, économique et juridique. Ces répercussions soulignent l'importance de reconnaître rapidement ces dynamiques pour protéger les victimes et leur permettre de se reconstruire.

Chapitre 7 :

Repérer la perversion narcissique

7.1 Signes précurseurs et red flags

Les contributions modernes, notamment celles de
Marie-France Hirigoyen dans *Le harcèlement moral*, mettent
en évidence des indices subtils mais révélateurs permettant de
repérer la perversion narcissique dès ses premiers stades.
Hirigoyen insiste sur l'importance d'identifier les **dynamiques
relationnelles toxiques** avant que l'emprise ne s'installe
complètement.

Indicateurs comportementaux précoces :

1. **Séduction excessive et rapide** :

- Bombardement d'éloges et promesses exagérées.
    - Apparition d'une intensité émotionnelle disproportionnée.
    - **Contributions modernes** : Des chercheurs en psychologie sociale comme **Paul Ekman** ont analysé la manipulation émotionnelle via des expressions faciales et comportements calculés.
2. **Tests subtils des limites** :
    - Le pervers narcissique cherche à voir jusqu'où il peut aller sans provoquer de rejet.
    - Exemple : Proposer des demandes croissantes en intensité, comme demander des faveurs ou imposer des règles.
3. **Confusion et incohérence** :
    - La victime ressent un malaise sans pouvoir clairement identifier la source.

Cas pratique : Red flags dans une relation amicale

Contexte :
Lucas, un nouveau collègue, se montre rapidement très proche de Pierre, partageant des détails personnels sur ses difficultés familiales dès les premières semaines. Quand Pierre refuse de l'aider financièrement, Lucas commence à l'ignorer, puis critique son manque de générosité devant les autres.

Explication pédagogique :
Lucas utilise des techniques précoces de séduction et de test des limites pour voir si Pierre se pliera à ses attentes.

7.2 Outils diagnostiques

Contributions modernes à l'évaluation clinique :

Des outils diagnostiques spécifiques se sont développés grâce aux travaux d'experts comme **Otto Kernberg** (troubles de la personnalité narcissique) et des contributions neuropsychologiques sur le comportement antisocial et narcissique.

Méthodes diagnostiques :

1. **Entretiens structurés et observation** :
   - Le professionnel observe les contradictions entre les récits et les comportements.
   - Contribution moderne : Les techniques de *profiling* développées dans les sciences criminologiques pour détecter les manipulateurs sociaux (James Blair).
2. **Tests psychométriques spécifiques** :
   - **Narcissistic Personality Inventory (NPI)** : Mesure des traits narcissiques.
   - **Diagnostic Interview for Narcissism (DIN)** : Évaluation clinique approfondie.
3. **Analyse des interactions relationnelles** :
   - Étude des cycles de séduction, d'emprise et de rejet pour identifier les schémas pervers.

Cas pratique : Utilisation clinique d'un outil diagnostique

Contexte :

En consultation, Anne décrit son conjoint comme charmant en public, mais critique et manipulateur en privé. Le thérapeute utilise des tests de personnalité et des entretiens pour observer les schémas récurrents.

Explication pédagogique :
Le professionnel recourt à des outils comme le NPI pour confirmer la présence de traits narcissiques associés à un comportement manipulateur.

7.3 Différenciation avec d'autres troubles

La perversion narcissique peut être confondue avec d'autres pathologies. Les contributions modernes, comme celles de **Nancy McWilliams** (*Psychoanalytic Diagnosis*), offrent des critères clairs pour différencier les troubles proches.

Pathologies similaires et distinctions :

1. **Trouble borderline** :
   - Instabilité émotionnelle extrême, mais absence d'intention manipulatrice consciente.
2. **Personnalité antisociale** :
   - Absence de scrupules, mais comportements impulsifs plus qu'orchestrés.
   - Contribution moderne : **Hare Psychopathy Checklist (PCL-R)** pour différencier les psychopathes des pervers narcissiques.
3. **Narcissisme malin (Kernberg)** :
   - Association de traits narcissiques avec une agressivité paranoïaque et antisociale.
4. **Psychopathie** :

- o Manque total d'empathie et comportement souvent criminel, sans le besoin d'admiration propre au pervers narcissique.

Critères différentiels modernes :

- **Qualité des relations objectales** :
  - o Les psychopathes instrumentalisent sans construire de relation durable, contrairement au pervers narcissique qui cherche à contrôler dans la durée.
- **Présence de cycles relationnels** :
  - o Les pervers narcissiques instaurent des cycles de séduction et d'humiliation, absents dans les autres pathologies.

Cas pratique : Différenciation entre narcissisme et trouble borderline

Contexte :
Julie, diagnostiquée borderline, exprime des colères fréquentes envers son partenaire, mais ses crises sont suivies de culpabilité. En revanche, son frère Marc, manipulateur, se montre stratégiquement distant après ses critiques, sans aucune remise en question.

Explication pédagogique :
Julie agit impulsivement sous l'effet d'émotions intenses, tandis que Marc démontre un schéma réfléchi et manipulateur, typique de la perversion narcissique.

7.4 Évaluation des risques

Les contributions modernes de la théorie de l'attachement
(**Peter Fonagy**) et des études sur le stress post-traumatique
(comme celles de **Judith Herman**) enrichissent les stratégies
d'évaluation des risques.

Facteurs de dangerosité spécifiques :

1. **Niveau d'emprise émotionnelle** :
    o   La victime montre une incapacité croissante à
        prendre des décisions.
2. **Présence de comportements coercitifs** :
    o   Le manipulateur menace ou utilise des tiers pour
        exercer son contrôle.
3. **Isolement social complet** :
    o   La victime est coupée de ses soutiens habituels.

Contributions modernes :

- **Évaluation des ressources de la victime** :
    o   Une approche introduite dans les thérapies
        centrées sur la résilience, où le réseau social est
        cartographié pour détecter les solutions d'aide.
- **Identification des micro-agressions** :
    o   Les travaux de **Mikki Kendall** sur les
        dynamiques toxiques dans des contextes divers
        (travail, famille).

Cas pratique : Évaluation des risques dans une relation abusive

Contexte :
Léa se sent incapable de quitter son partenaire, qui contrôle
ses finances et menace de divulguer des secrets intimes si elle
part. Son isolement social est presque total.

Explication pédagogique :
Léa présente un risque élevé en raison de sa dépendance financière et émotionnelle, combinée aux menaces explicites de son partenaire.

Conclusion :
Ce chapitre met en lumière les contributions modernes aux méthodes de détection et d'évaluation des comportements pervers narcissiques. Ces outils, combinés à une compréhension approfondie des mécanismes relationnels, permettent d'identifier rapidement ces dynamiques toxiques et de protéger efficacement les victimes.

Checklists pour Identifier les "Red Flags"

Ces listes aideront les lecteurs à reconnaître les signes avant-coureurs de relations toxiques.

Red Flags dans une Relation Intime

- Votre partenaire critique vos choix, mais présente cela comme des "blagues".
- Vous ressentez un malaise inexplicable en sa présence, mais il/elle minimise vos émotions.
- Vos besoins sont souvent ignorés ou tournés en dérision.
- Il/elle vous isole progressivement de vos amis ou de votre famille.
- Toute tentative de confrontation mène à des accusations ou à une inversion des rôles.

Red Flags en Milieu Professionnel

- Un supérieur ou collègue dévalorise régulièrement votre travail en public.
- Vous êtes exclu des décisions ou réunions importantes.
- Vos idées ou réalisations sont revendiquées par quelqu'un d'autre.
- L'atmosphère est marquée par la manipulation et le favoritisme.
- Vous sentez une pression constante pour "prouver" votre valeur, même si vos résultats sont excellents.

Red Flags dans une Relation Familiale

- Un parent ou un membre de la famille critique constamment vos décisions.
- Vos réussites sont minimisées, voire ignorées.

- On vous fait sentir coupable pour des choses hors de votre contrôle.
- Vous ressentez une obligation constante de plaire ou d'apaiser.
- Les conflits sont toujours imputés à vous, même lorsque cela n'a pas de sens.

Chapitre 8 :

Contextes spécifiques d'expression

8.1 Milieu familial et conjugal

Le contexte familial est souvent un terreau fertile pour l'expression des comportements pervers narcissiques, car il offre des relations prolongées et intimes où les dynamiques de pouvoir peuvent s'installer subtilement.

Dynamiques familiales toxiques :

- **Manipulation des liens parentaux** : Les pervers narcissiques exploitent les relations entre membres de la famille pour diviser et contrôler.

- **Triangulation des enfants** : Impliquer un enfant dans des conflits conjugaux pour créer des alliances.
- **Création d'alliances pathologiques** : Favoriser certains membres de la famille pour isoler d'autres.
- **Destruction des liens familiaux** : Les conflits sont amplifiés pour miner la cohésion familiale.
- **Loyautés clivées** : Les membres de la famille sont contraints de choisir des camps.

Impact sur la parentalité :

- **Instrumentalisation des enfants** : Les enfants deviennent des outils pour punir ou manipuler l'autre parent.
- **Sabotage de l'autorité parentale** : Le pervers narcissique discrédite l'autre parent devant les enfants.
- **Transmission transgénérationnelle** : Les enfants exposés à ces dynamiques risquent de reproduire ces schémas.

Cas pratique : Manipulation parent-enfant

Contexte :
Lucie se rend compte que son ex-mari critique systématiquement ses décisions parentales devant leurs enfants, allant jusqu'à leur dire qu'elle est incapable de les élever correctement.

Explication pédagogique :
L'ex-mari de Lucie utilise un sabotage parental pour affaiblir son autorité et se positionner comme la figure dominante dans les yeux des enfants.

8.2 Environnement professionnel

Le milieu professionnel offre un cadre structuré où les pervers narcissiques peuvent exploiter des relations hiérarchiques pour asseoir leur domination.

Manifestations organisationnelles :

- **Abus de pouvoir hiérarchique** : Exploitation des subordonnés ou marginalisation des collègues.
- **Manipulation des équipes** : Diviser les employés pour éviter toute alliance contre eux.
- **Création de conflits artificiels** : Alimenter les tensions pour maintenir une position de contrôle.
- **Appropriation du travail d'autrui** : Prendre le crédit des réussites des autres.
- **Sabotage professionnel** : Entraver les projets des collègues perçus comme des menaces.

Impact sur l'environnement de travail :

- **Détérioration du climat social** : Une méfiance généralisée s'installe.
- **Baisse de la productivité collective** : Les employés passent plus de temps à gérer les conflits qu'à travailler.
- **Augmentation du turnover** : Les victimes préfèrent quitter l'organisation que de rester exposées.

Cas pratique : Harcèlement par un supérieur hiérarchique

Contexte :
Jean, un employé performant, constate que son manager

critique systématiquement son travail en public tout en prenant le crédit de ses réussites lors des réunions avec la direction.

Explication pédagogique :
Le manager de Jean illustre l'abus de pouvoir et l'appropriation, des comportements typiques de la perversion narcissique en milieu professionnel.

8.3 Sphère sociale et amicale

Les relations sociales sont également affectées, car les pervers narcissiques y voient une opportunité d'exercer une emprise plus large.

Manifestations dans le cercle amical :

- **Manipulation des amitiés** : Utiliser des amis pour renforcer leur contrôle sur la victime.
- **Création de rivalités** : Instaurer des comparaisons toxiques entre amis.
- **Diffusion de rumeurs** : Miner la réputation de ceux qui s'opposent à eux.
- **Isolation sociale progressive** : Inciter la victime à couper ses liens sociaux.

Impact sur les relations sociales :

- **Méfiance généralisée** : La victime devient hésitante à faire confiance à de nouvelles relations.
- **Perte des liens d'amitié** : Les amis sont souvent fatigués par les dynamiques conflictuelles.

- **Difficultés à créer de nouvelles relations** : L'estime de soi amoindrie rend la socialisation plus difficile.

Cas pratique : Rivalité instillée dans un groupe d'amis

Contexte :
Paul introduit des tensions dans un groupe d'amis en insinuant que l'un d'entre eux, Sophie, cherche à manipuler les autres. Peu à peu, Sophie se retrouve exclue du groupe.

Explication pédagogique :
Paul utilise la diffusion de rumeurs pour isoler Sophie et se positionner comme un membre influent du groupe.

8.4 Institutions et organisations

Certaines institutions, en raison de leur structure, offrent un terrain favorable à l'expression de comportements pervers narcissiques.

Contextes institutionnels à risque :

- **Organisations hiérarchiques rigides** : Moins de transparence favorise les abus de pouvoir.
- **Environnements compétitifs** : Une culture de rivalité exacerbe les comportements manipulateurs.
- **Structures de pouvoir opaques** : Les processus décisionnels flous facilitent les manœuvres des manipulateurs.
- **Absence de contre-pouvoirs** : Aucun mécanisme pour signaler ou freiner les abus.

- **Culture du secret** : Les institutions qui valorisent la discrétion peuvent dissimuler des dynamiques toxiques.

Impacts institutionnels :

- **Dysfonctionnements organisationnels** : Les ressources sont utilisées pour gérer les conflits internes plutôt que pour atteindre des objectifs.
- **Souffrance collective** : Le stress des individus finit par affecter l'ensemble du personnel.
- **Perte de sens** : Les employés ressentent une déconnexion par rapport aux valeurs de l'organisation.

Cas pratique : Toxicité dans une organisation publique

Contexte :
Une directrice d'école utilise sa position pour diviser les enseignants, leur assignant des tâches inégales et leur reprochant des erreurs devant les parents.

Explication pédagogique :
La directrice exploite les failles hiérarchiques pour instaurer un climat de peur et maintenir son contrôle, des comportements typiques des pervers narcissiques dans les institutions.

Conclusion :
Ce chapitre met en lumière la diversité des contextes où les comportements pervers narcissiques s'expriment, depuis les relations familiales jusqu'aux organisations institutionnelles. Chaque environnement présente des dynamiques spécifiques, mais les mécanismes sous-jacents restent similaires : domination, manipulation et contrôle.

Chapitre 9 :

Accompagnement thérapeutique

9.1 Approches psychothérapeutiques

La prise en charge des victimes de pervers narcissiques nécessite une approche multidimensionnelle adaptée à leurs traumatismes spécifiques.

Types de thérapies :

1. **Thérapie cognitivo-comportementale (TCC)** :
   - **Objectifs** :
     - Restructuration cognitive pour corriger les pensées négatives induites par la manipulation.

- Gestion des émotions pour réduire l'anxiété et la dépression.
        - Techniques d'affirmation de soi pour retrouver une autonomie psychologique.
    - **Exemple pratique** : Une victime apprend à identifier et à remplacer les pensées induites par le gaslighting par des croyances fondées sur des faits.
2. **Thérapie psychodynamique** :
    - **Objectifs** :
        - Exploration des traumatismes précoces.
        - Analyse des schémas relationnels toxiques.
        - Reconstruction identitaire pour redécouvrir un sentiment d'autonomie.
    - **Contributions modernes** : Inspirée des travaux de **Heinz Kohut** sur le self, cette approche aide à comprendre comment les blessures narcissiques précoces affectent les relations actuelles.
3. **EMDR (Eye Movement Desensitization and Reprocessing)** :
    - **Objectifs** :
        - Désensibilisation des souvenirs traumatiques liés à l'abus.
        - Intégration des expériences négatives pour réduire leurs impacts émotionnels.
        - Renforcement des ressources internes pour restaurer la résilience.

Cas pratique : Utilisation de l'EMDR pour une victime de violence psychologique

Contexte :
Clara souffre d'un stress post-traumatique lié à une relation
toxique. Elle ressent une anxiété intense lorsqu'elle pense à
certaines situations vécues avec son ex-conjoint.

Explication pédagogique :
La thérapie EMDR aide Clara à retraiter ces souvenirs
traumatiques pour diminuer leur charge émotionnelle et rétablir
une stabilité psychologique.

9.2 Travail sur le trauma

Le traitement du trauma est une composante essentielle de la
guérison.

Phases de traitement :

1. **Phase de stabilisation** :
    - Sécurisation du cadre de vie.
    - Apprentissage de techniques d'ancrage pour
      réduire les symptômes post-traumatiques.
    - Développement de ressources internes comme
      des affirmations positives.
2. **Phase d'exposition** :
    - Confrontation progressive aux souvenirs
      traumatiques à travers des récits narratifs.
    - Régulation émotionnelle pour éviter une
      revictimisation pendant le processus.
3. **Phase d'intégration** :
    - Reconstruction identitaire en créant de nouveaux
      schémas relationnels.

- Transformation du trauma en une force pour avancer.

Contributions modernes :

Des chercheurs comme **Judith Herman** (*Trauma and Recovery*) insistent sur l'importance de cette approche progressive pour éviter l'aggravation des symptômes liés aux souvenirs traumatiques.

Cas pratique : Phase de stabilisation

Contexte :
Jean, après une séparation toxique, souffre de cauchemars fréquents et d'attaques de panique. Son thérapeute commence par lui enseigner des techniques de respiration pour réduire ses symptômes.

Explication pédagogique :
La stabilisation permet à Jean de retrouver un sentiment de contrôle sur son état avant d'aborder les souvenirs traumatiques.

9.3 Thérapies corporelles et somatiques

L'intégration du corps dans le processus thérapeutique est essentielle pour traiter les traumatismes liés aux relations toxiques.

Approches somatiques :

1. **Techniques de relaxation :**
    - Relaxation progressive.
    - Méditation guidée pour reconnecter le corps et l'esprit.
2. **Thérapies psychocorporelles :**
    - Sophrologie : Permet une meilleure gestion du stress.
    - Bioénergie : Libération des tensions émotionnelles stockées dans le corps.

Cas pratique : Utilisation de la relaxation progressive

Contexte :
Sophie, victime de harcèlement moral, développe des douleurs chroniques au dos. Elle commence une thérapie intégrant des exercices de relaxation pour réduire ses tensions musculaires.

Explication pédagogique :
Les thérapies corporelles aident Sophie à relâcher les tensions somatiques causées par le stress émotionnel.

9.4 Groupes de parole et soutien collectif

Les groupes de parole offrent un espace où les victimes peuvent partager leurs expériences et se reconstruire dans un cadre sécurisant.

Bénéfices :

- Sortie de l'isolement : Rencontrer d'autres victimes réduit le sentiment de solitude.
- Validation des expériences : L'écoute empathique renforce le processus de guérison.
- Partage de stratégies : Découvrir des outils pour mieux gérer les effets des abus.

Contributions modernes :

Les groupes basés sur des approches comme les cercles de résilience de **Boris Cyrulnik** mettent l'accent sur la force de la communauté pour restaurer la confiance et la sécurité.

Cas pratique : Participation à un groupe de soutien

Contexte :
Anne rejoint un groupe de parole pour victimes de relations toxiques. Elle y découvre qu'elle n'est pas seule à avoir vécu des manipulations similaires et partage ses stratégies pour reconstruire son estime de soi.

Explication pédagogique :
Le groupe de soutien permet à Anne de transformer son expérience en une force collective, facilitant sa reconstruction psychologique.

Conclusion :
Ce chapitre montre que l'accompagnement thérapeutique des victimes de pervers narcissiques doit être à la fois multidimensionnel et individualisé. Les approches modernes,

combinant thérapies cognitives, travail corporel et soutien collectif, offrent des outils puissants pour aider les victimes à surmonter leurs traumatismes et retrouver une vie équilibrée.

Chapitre 10 :

Stratégies de protection et de reconstruction

10.1 Techniques de protection psychologique

La mise en place de protections psychologiques est essentielle pour aider les victimes à se protéger des comportements manipulateurs et à éviter de retomber dans des relations toxiques.

Méthodes de protection :

1. **Techniques de blindage émotionnel :**

- o **Grey rocking (technique du rocher gris)** :
  Réagir de manière neutre aux provocations pour
  ne pas alimenter les manipulations.
- o **Distanciation émotionnelle** : Prendre du recul
  face aux critiques et aux comportements
  toxiques.
- o **Établissement de limites claires** : Apprendre à
  dire non sans culpabiliser.

2. **Stratégies de communication** :
   - o **Communication non violente (CNV)** : Exprimer
     ses émotions et ses besoins sans agressivité.
   - o **Techniques d'assertion** : Formuler ses
     réponses avec fermeté et confiance.
   - o **Réponses stratégiques** : Éviter les
     confrontations inutiles et rester factuel.

Cas pratique : Mise en œuvre du grey rocking

Contexte :
Sophie, victime de harcèlement moral au travail, adopte le grey
rocking en répondant aux provocations de son collègue par des
réponses courtes et neutres. Peu à peu, il cesse de la cibler.

Explication pédagogique :
Le grey rocking permet à Sophie de minimiser l'attention
accordée à son harceleur, rendant ses tentatives de
manipulation inefficaces.

10.2 Reconstruction de l'estime de soi

Le travail sur l'estime de soi constitue un pilier central pour permettre à la victime de retrouver une vie équilibrée et autonome.

Axes de travail :

1. **Reconnexion à ses valeurs** :
   - Identification des valeurs personnelles et alignement des actions avec celles-ci.
   - Développement de l'authenticité pour restaurer l'intégrité personnelle.
2. **Développement de l'autonomie** :
   - Prise de décision autonome pour regagner le contrôle de sa vie.
   - Affirmation de ses besoins et renforcement de la confiance en soi.

Contributions modernes :

Des approches comme celles de **Boris Cyrulnik** sur la résilience mettent en avant l'importance de redonner un sens à ses expériences pour se reconstruire.

Cas pratique : Développement de l'autonomie

Contexte :
Après des années de contrôle par son ex-partenaire, Julien s'inscrit à une formation professionnelle qu'il a choisie lui-même, marquant un pas vers son indépendance.

Explication pédagogique :
La démarche de Julien reflète la reconstruction de l'autonomie,

une étape clé pour rétablir l'estime de soi après une relation toxique.

10.3 Rétablissement des frontières saines

L'apprentissage de frontières saines est essentiel pour prévenir de futures manipulations et protéger son espace personnel et émotionnel.

Établissement des limites :

1. **Limites personnelles** :
    - Définir des frontières physiques et émotionnelles claires.
    - Apprendre à respecter ses besoins et à affirmer ses choix.
2. **Limites relationnelles** :
    - Construire des relations équilibrées basées sur la réciprocité.
    - Gérer les demandes excessives et maintenir une distance appropriée.

Contributions modernes :

Les travaux sur la **psychologie des relations** (John Gottman) mettent en avant l'importance de la réciprocité et du respect mutuel pour maintenir des relations saines.

Cas pratique : Fixation de limites dans un contexte familial

Contexte :
Claire impose une règle selon laquelle elle ne répond plus aux
appels incessants de sa mère après 20 heures.

Explication pédagogique :
Claire établit une frontière relationnelle claire, ce qui lui permet
de réduire l'intrusion émotionnelle et de protéger son bien-être.

10.4 Prévention de la récidive

La prévention des rechutes est une priorité pour les victimes,
qui doivent apprendre à reconnaître les schémas toxiques et à
s'en prémunir.

Stratégies préventives :

1. **Identification des signaux d'alerte** :
   - Reconnaissance des comportements
     manipulateurs comme le gaslighting ou la
     triangulation.
   - Détection des situations à risque avant qu'elles
     ne dégénèrent.
2. **Plans de protection** :
   - Élaboration de stratégies d'évitement des
     relations toxiques.
   - Construction d'un réseau de soutien (amis,
     thérapeutes, groupes d'entraide).

Contributions modernes :

Les outils développés dans les thérapies cognitives et
comportementales aident à instaurer une vigilance cognitive
face aux manipulations subtiles.

Cas pratique : Prévention dans une nouvelle relation

Contexte :
Après une relation toxique, Anne apprend à détecter les
comportements de contrôle dans ses nouvelles relations,
mettant fin à celles qui montrent des signes de manipulation.

Explication pédagogique :
Anne illustre l'application des stratégies de prévention pour
éviter de retomber dans des schémas relationnels destructeurs.

Conclusion :
Ce chapitre met en lumière les stratégies essentielles pour
protéger les victimes, renforcer leur résilience et prévenir la
récidive des relations toxiques. Ces approches, combinant
techniques psychologiques, renforcement de l'autonomie et
éducation relationnelle, offrent un cadre solide pour permettre
aux victimes de reprendre le contrôle de leur vie.

Guides pour Établir des Stratégies de Protection

Comment Fixer des Limites Claires

1. **Identifiez vos limites** : Faites une liste des comportements que vous jugez inacceptables (ex. : critiques constantes, empiètement sur votre espace personnel).
2. **Communiquez fermement** : Utilisez des phrases comme "Je ne suis pas à l'aise avec..." ou "Je préfère que..."
3. **Répétez-vous si nécessaire** : Soyez prêt à réitérer vos limites sans culpabiliser.
4. **Implémentez des conséquences** : Si vos limites ne sont pas respectées, éloignez-vous ou limitez les interactions.

Techniques de Détachement Émotionnel

1. **Grey Rocking** : Réagissez de manière neutre pour réduire les manipulations (ex. : "Hmm, d'accord").
2. **Renforcez votre réseau social** : Entourez-vous de personnes bienveillantes pour réduire votre dépendance émotionnelle au manipulateur.
3. **Priorisez vos besoins** : Prenez du temps pour des activités qui renforcent votre bien-être.

Chapitre 11 :

Enjeux sociaux et juridiques

11.1 Reconnaissance légale du préjudice

La reconnaissance juridique de la perversion narcissique est encore en développement dans de nombreux pays. Si certaines formes d'abus psychologiques, comme le harcèlement moral, sont déjà reconnues, d'autres aspects restent à intégrer pleinement dans le cadre légal.

État actuel de la législation :

1. **Reconnaissance du harcèlement moral :**

- o La plupart des juridictions reconnaissent le harcèlement moral comme une infraction, notamment dans le milieu professionnel ou familial.
    - o Exemple : En France, l'article 222-33-2 du Code pénal couvre le harcèlement moral, mais les preuves restent difficiles à établir.
2. **Protection des victimes de violences psychologiques** :
    - o Certains pays incluent les violences psychologiques dans la définition des violences domestiques (ex. : loi britannique *Domestic Abuse Act 2021*).
3. **Limites actuelles du droit** :
    - o Absence de cadre spécifique pour les relations manipulatrices ou destructrices sans violence physique explicite.

Besoins d'évolution :

- **Définition légale de la perversion narcissique** : Intégrer des critères spécifiques dans les lois existantes.
- **Création d'outils juridiques adaptés** : Guides pour faciliter la preuve des manipulations psychologiques.
- **Renforcement des sanctions** : Sanctionner davantage les comportements répétitifs de manipulation et d'emprise.

Cas pratique : Difficulté à prouver le harcèlement psychologique

Contexte :
Anne tente de porter plainte contre son ex-conjoint, mais les

autorités rejettent sa demande en raison d'un manque de preuves tangibles, bien que ses récits soient cohérents.

Explication pédagogique :
Le cas d'Anne illustre les lacunes juridiques actuelles pour traiter efficacement les abus psychologiques complexes.

11.2 Protection des victimes

Les mécanismes de protection des victimes nécessitent un renforcement constant, tant dans les mesures d'urgence que dans l'accompagnement à long terme.

Dispositifs de protection :

1. **Mesures d'urgence** :
    - Ordonnances de protection pour éloigner l'agresseur.
    - Hébergement d'urgence pour les victimes de violences conjugales.
    - Soutien financier immédiat pour favoriser leur indépendance.
2. **Accompagnement à long terme** :
    - Soutien psychologique pour traiter les traumatismes.
    - Aide à la réinsertion professionnelle et sociale.
    - Sécurisation du cadre de vie pour garantir la stabilité des victimes.

Contributions modernes :

Les travaux de **Judith Herman** sur la résilience insistent sur l'importance d'un accompagnement holistique qui combine protection physique, aide émotionnelle et soutien social.

Cas pratique : Hébergement d'urgence

Contexte :
Sophie, victime de violences psychologiques et physiques, trouve refuge dans un centre d'accueil spécialisé, où elle reçoit une assistance juridique et psychologique.

Explication pédagogique :
Ce cas illustre l'importance des dispositifs d'urgence pour protéger les victimes et amorcer leur reconstruction.

11.3 Évolutions législatives nécessaires

Le cadre légal actuel présente des lacunes importantes pour répondre pleinement aux besoins des victimes de perversion narcissique.

Réformes proposées :

1. **Modifications du code pénal** :
   - Création d'infractions spécifiques pour les abus psychologiques prolongés.
   - Aggravation des peines pour les récidives ou les cas impliquant des enfants.
2. **Réformes procédurales** :

- Simplification des démarches pour faciliter l'accès à la justice.
- Accélération des procédures judiciaires pour éviter la revictimisation.
- Amélioration de la preuve, incluant les témoignages psychologiques et les analyses comportementales.

Contributions modernes :

Des chercheurs en droit, comme **Eva Joly**, proposent des réformes globales pour rendre la justice plus accessible et mieux adaptée aux violences psychologiques.

Cas pratique : Allongement des délais de procédure

Contexte :
Un père manipulateur prolonge volontairement la procédure de garde pour épuiser son ex-conjointe financièrement et émotionnellement.

Explication pédagogique :
Le manque de mesures légales contre de telles tactiques montre la nécessité d'une réforme des procédures judiciaires pour protéger les victimes de manipulation.

11.4 Politiques de prévention

La prévention constitue un pilier essentiel pour lutter contre la perversion narcissique et protéger les victimes potentielles.

Stratégies préventives :

1. **Actions institutionnelles** :
   - Développement de programmes nationaux d'éducation sur les relations saines.
   - Formation des professionnels (travailleurs sociaux, enseignants, policiers) à détecter les signes d'abus psychologique.
2. **Initiatives locales** :
   - Création de réseaux de soutien communautaire pour identifier et aider les victimes.
   - Interventions éducatives dans les écoles pour sensibiliser dès le plus jeune âge.

Contributions modernes :

Les travaux de **Marie-France Hirigoyen** soulignent l'importance de campagnes publiques pour sensibiliser les citoyens aux dynamiques de harcèlement moral et de manipulation.

Cas pratique : Campagne de prévention dans une école

Contexte :
Une école organise des ateliers pour enseigner aux adolescents à reconnaître les relations toxiques et à poser des limites saines.

Explication pédagogique :
Cette initiative illustre comment une prévention précoce peut réduire les risques de relations toxiques à l'âge adulte.

Conclusion :
Ce chapitre met en lumière les lacunes actuelles et les besoins urgents en matière de reconnaissance juridique, de protection des victimes et de prévention. En combinant réformes législatives, dispositifs de soutien renforcés et campagnes de sensibilisation, il est possible de réduire l'impact de la perversion narcissique sur les individus et la société.

Chapitre 12 :

Prévention et sensibilisation

12.1 Éducation et formation des professionnels

La formation des intervenants, qu'ils soient thérapeutes, éducateurs, ou professionnels du droit, est essentielle pour améliorer la détection et la gestion des comportements pervers narcissiques.

Formation initiale :

1. **Programmes académiques** :

- o Intégration de modules spécifiques sur les dynamiques relationnelles toxiques dans les cursus universitaires.
   - o Inclusion d'études de cas pratiques pour faciliter l'apprentissage.
2. **Formations professionnelles** :
   - o Cours de psychologie appliquée pour les travailleurs sociaux.
   - o Formation en communication pour les enseignants et éducateurs.
3. **Supervision clinique** :
   - o Les thérapeutes doivent être encadrés pour mieux comprendre les mécanismes de défense des pervers narcissiques.

Formation continue :

- **Mise à jour des connaissances** : Participation à des conférences sur les nouvelles recherches en psychologie et neuropsychologie.
- **Groupes d'analyse et supervision des pratiques** : Discuter des cas complexes avec des pairs pour ajuster les stratégies d'intervention.

Cas pratique : Formation pour les enseignants

Contexte :
Une école primaire met en place une formation pour ses enseignants sur la gestion des comportements manipulateurs chez les élèves, ainsi que sur la détection des signes d'abus psychologique dans les familles.

Explication pédagogique :
Cette initiative montre comment la formation initiale et continue

peut donner aux enseignants les outils nécessaires pour
intervenir efficacement dans des situations délicates.

12.2 Programmes de prévention

Les programmes de prévention jouent un rôle clé dans la
réduction des risques liés à la perversion narcissique, en ciblant
à la fois le grand public et les populations vulnérables.

Axes d'intervention :

1. **Prévention primaire** :
    - **Éducation précoce** : Enseigner aux jeunes les
      bases des relations saines, de l'empathie et des
      limites.
    - **Sensibilisation du grand public** : Campagnes
      médiatiques pour informer sur les dangers des
      comportements manipulateurs.
2. **Prévention secondaire** :
    - **Détection précoce** : Former les professionnels
      de la santé et de l'éducation à reconnaître les
      premiers signes de manipulation.
    - **Intervention rapide** : Mettre en place des lignes
      d'assistance téléphonique et des centres de
      soutien accessibles.

Cas pratique : Programme de sensibilisation dans une entreprise

Contexte :
Une entreprise lance une campagne interne pour sensibiliser

ses employés au harcèlement moral et leur proposer des ressources pour signaler les comportements abusifs.

Explication pédagogique :
Ce programme illustre l'impact positif d'une prévention proactive, en créant un environnement de travail plus sûr et en réduisant les opportunités pour les manipulateurs d'agir.

12.3 Rôle des médias et de la communication

Les médias jouent un rôle crucial dans la prévention et la sensibilisation du grand public aux comportements pervers narcissiques.

Stratégies de communication :

1. **Communication publique** :
   - **Campagnes de sensibilisation** : Messages télévisés, publications sur les réseaux sociaux, et affiches dans les espaces publics.
   - **Information accessible** : Création de guides pratiques en ligne pour aider les victimes à identifier et gérer les comportements manipulateurs.
2. **Responsabilité médiatique** :
   - **Traitement éthique de l'information** : Éviter les clichés ou la simplification des dynamiques perverses.
   - **Promotion des solutions** : Présenter des exemples de stratégies réussies pour échapper à l'emprise narcissique.

Cas pratique : Campagne de communication pour les adolescents

Contexte :
Une organisation à but non lucratif produit une série de vidéos éducatives sur YouTube, expliquant aux adolescents comment reconnaître les signes de manipulation émotionnelle dans les relations amicales et amoureuses.

Explication pédagogique :
Cette campagne illustre l'utilisation des médias modernes pour toucher un public jeune et les sensibiliser aux dangers des relations toxiques.

12.4 Perspectives futures

L'avenir de la prévention et de la sensibilisation repose sur des innovations constantes et un engagement collectif.

Axes de développement :

1. **Recherche et innovation** :
   - Développement de nouveaux outils thérapeutiques, comme les applications de soutien psychologique.
   - Exploration des bases neurobiologiques pour des interventions précoces.
2. **Évolutions sociétales** :
   - **Changement des mentalités** : Promouvoir une culture de respect et d'empathie dans toutes les sphères de la société.

- o **Transformation sociale** : Encourager des politiques publiques axées sur le bien-être relationnel et la prévention des abus.

Cas pratique : Plateforme d'assistance en ligne

Contexte :
Une start-up crée une application qui permet aux utilisateurs de signaler des cas de harcèlement ou d'abus psychologique et de recevoir une assistance immédiate d'experts.

Explication pédagogique :
L'utilisation des technologies modernes pour fournir une assistance rapide montre comment l'innovation peut transformer la prévention et la sensibilisation.

Conclusion :
Ce chapitre met en évidence l'importance d'une approche globale pour prévenir la perversion narcissique et sensibiliser le public. En combinant éducation, campagnes de communication et innovations technologiques, il est possible de réduire significativement l'impact de cette pathologie sur les individus et les communautés.

Conclusion Générale

La perversion narcissique, à la croisée du narcissisme pathologique et des dynamiques manipulatrices, soulève des questions fondamentales sur les interactions humaines, la psychopathologie et les structures sociales. En mobilisant les idées de penseurs modernes, classiques et interdisciplinaires, cette conclusion explore des chemins complémentaires pour mieux comprendre ce phénomène, tout en suggérant des solutions et des pistes de réflexion.

La perversion narcissique sous le prisme de la psychologie moderne

Les travaux de **Sigmund Freud**, **Heinz Kohut**, et **Otto Kernberg** ont permis d'établir les bases de la compréhension du narcissisme et de ses dérives pathologiques. Cependant, d'autres approches contemporaines enrichissent notre compréhension :

- **Judith Herman** (*Trauma and Recovery*) : Herman met en lumière l'importance de comprendre les traumatismes relationnels prolongés. Elle souligne que les dynamiques perverses créent des blessures complexes qui nécessitent une prise en charge globale et progressive.
- **Brené Brown** (*The Power of Vulnerability*) : Bien que centrée sur la vulnérabilité et la honte, Brown offre des clés pour comprendre comment les pervers narcissiques exploitent ces émotions. Ses travaux encouragent la résilience en apprenant à embrasser sa vulnérabilité plutôt qu'à la dissimuler.

Contributions philosophiques et anthropologiques

La perversion narcissique dépasse les limites de la psychopathologie individuelle pour devenir une problématique sociétale. Les philosophes et anthropologues apportent des perspectives uniques :

1. **Michel Foucault** et le pouvoir :
   - Dans *Surveiller et punir* et *Les micro-pouvoirs*, Foucault analyse comment le pouvoir s'exerce subtilement dans les relations humaines. Ces mécanismes de domination sont analogues à

ceux employés par les pervers narcissiques, qui manipulent leur environnement pour asseoir leur contrôle.

- ○ Perspective : La perversion narcissique pourrait être vue comme une micro-tyrannie exercée sur les relations intimes et professionnelles.

2. **Hannah Arendt** et la banalité du mal :
   - ○ Bien que son analyse porte sur les structures politiques, *Eichmann à Jérusalem* éclaire la façon dont des individus ordinaires peuvent devenir des agents de destruction dans des contextes spécifiques.
   - ○ Perspective : Le pervers narcissique banalise ses comportements destructeurs pour légitimer son emprise.

3. **René Girard** et le désir mimétique :
   - ○ Girard, dans *La violence et le sacré*, décrit comment le désir de rivaliser et d'imiter l'autre peut conduire à des comportements destructeurs.
   - ○ Perspective : Le pervers narcissique exploite ces dynamiques de rivalité pour exacerber les conflits et maintenir son contrôle.

La perversion narcissique dans une perspective sociologique

Le narcissisme, amplifié par les normes contemporaines, trouve un terreau fertile dans la société moderne. **Christopher Lasch**, dans *La culture du narcissisme*, prédit que les évolutions sociales et technologiques renforcent les comportements narcissiques en valorisant l'individualisme et l'apparence au détriment de la profondeur et de la communauté.

- **Le rôle des réseaux sociaux** :
    - Les réseaux sociaux offrent une plateforme idéale pour les pervers narcissiques, où ils peuvent manipuler les perceptions, diffuser des narratifs biaisés et isoler leurs victimes dans un espace numérique.
- **Pierre Bourdieu** (*La distinction*) :
    - Bourdieu met en lumière les dynamiques de pouvoir implicites dans les relations sociales. Le pervers narcissique utilise ces mécanismes pour renforcer son statut et manipuler les normes relationnelles à son avantage.

Des pistes complémentaires : La spiritualité et les approches alternatives

1. **Carl Gustav Jung** et l'ombre :
    - Jung, dans ses travaux sur l'inconscient collectif, explore le concept de l'ombre, cette part sombre que chacun possède. Pour lui, l'intégration de cette ombre est essentielle pour éviter les comportements destructeurs.
    - Perspective : Le pervers narcissique pourrait être vu comme une incarnation de l'ombre non intégrée, projetée sur autrui.
2. **Thich Nhat Hanh** et la pleine conscience :
    - Dans *Prendre soin de l'enfant intérieur*, le maître bouddhiste met en avant l'importance de guérir les blessures émotionnelles pour éviter qu'elles ne se transforment en comportements destructeurs.

- o Perspective : La pleine conscience peut aider les victimes à se reconnecter à elles-mêmes et à réduire les impacts psychologiques des abus.
3. **La théorie de l'attachement** (Bowlby et Fonagy) :
   - o Les travaux sur l'attachement montrent que les relations précoces façonnent profondément les dynamiques émotionnelles. Un attachement insécure peut engendrer des comportements manipulateurs ou une vulnérabilité accrue à ces derniers.

Perspectives futures : Vers une société plus résiliente

Pour réduire l'impact de la perversion narcissique, des changements structurels et éducatifs doivent être mis en place :

- **Éducation émotionnelle** : Apprendre aux enfants à gérer leurs émotions, à poser des limites et à développer l'empathie dès le plus jeune âge.
- **Réformes juridiques** : Inclure des formes spécifiques de manipulation psychologique dans les définitions légales des violences, facilitant ainsi leur reconnaissance et leur sanction.
- **Technologies pour la prévention** : Utiliser l'intelligence artificielle et les réseaux sociaux pour détecter et signaler les comportements manipulateurs avant qu'ils ne causent des dommages majeurs.

Un message d'espoir : Reconnaître l'humain derrière la blessure

Si la perversion narcissique est profondément destructrice, elle révèle aussi la complexité de la psyché humaine. Les victimes, grâce à des outils adaptés et à une meilleure compréhension des dynamiques en jeu, peuvent non seulement se reconstruire, mais également devenir des acteurs du changement, transmettant des valeurs d'empathie, de résilience et d'authenticité.

En mobilisant les savoirs interdisciplinaires, nous pouvons non seulement combattre la perversion narcissique, mais aussi transformer nos relations et nos structures sociales pour favoriser la connexion humaine véritable et la bienveillance.

9 798305 086768